그래도 영어공부방

그래도 영어공부방

© 이유경, 2022

발 행 2022년 11월 11일
지은이 이유경

펴낸이 최지훈
펴낸곳 나다움북스
등 록 제2020-100004호
이메일 chlwlgns012@naver.com

I S B N 979-11-979315-3-6

그래도 영어공부방

이유경 지음

진인사대천명

나는 두 아들을 둔 엄마입니다. 그리고 아이들과 함께 영어를 공부하고 있는 학생이자 선생입니다. 분자생물학을 대학에서 전공한 사람으로 뇌 생명과학자가 꿈이었던 나는 아이들을 가르칠 만큼 영어를 전문적으로 배운 사람이 아닙니다. 그렇다고 아이들을 가르치는 일이 나의 사명이라 생각한 적도 없는 사람입니다. 아이들을 가르치기 전에는 작은 회사에서 해외 영업업무를 했기에 그저 영어를 늘 목말라하고 좋아했던 사람이었습니다.

아이들에게 영어를 가르치기 시작한 지 5년이 되었습니다. 처음부터 얼마를 벌어야지 하는 목표를 두고 시작한 일이 아니라, 매일 혼자서 영어 공부하는 것을 아이들에게 가르쳐보자는 마음으로 출발하였지만, 하다 보니 연봉 1억을 벌고 있습니다.

돌이켜보면 힘든 날도 있었고 좌절하기도 했습니다. 하지만, 매일 나 스스로 영어 공부를 하면서 아이들에게 영어를 가르치는 일로 수익을 낼 수 있는 이 일만큼 멋진 일도 없다는 확신이 들었습니다. 지금 이 순간에 최선을 다했고, 결과는 하늘에 맡겼습니다.

영어공부방 창업을 위한 행정적인 방법들은 시중에서 쉽게 검색만으로도 알 수 있습니다. 성공한 영어공부방에 관한 이야기는 대부분이 해외에서 유학을 다녀왔거나 대학이나 대학원에서 영어교육에 관한 전문적인 학위가 있는, 어쩌면 '성공할 수밖에 없는' 조건을 갖춘 분들에 관한 것이기에 나 같은 비전공자가 그들처럼 해서는 똑같이 성공할 수 없었습니다.

이 책 '그래도 영어공부방'은 이미 영어사교육분야에서 성공한 사람들을 위한 책이 아닙니다. 영어나 교육학이 전공이 아닌 나 같은 사람이 영어공부방을 성공적으로 운영하는 방법에 관해 나의 경험을 토대로 빠짐없이 기록한 책입니다. 여전히 미숙한 초보원장이 영어공부방 운영에 있어서 왕초보 원장님들을 위해 쓴 책입니다. 하지만 누구나 검색 한 줄이면 찾을 수 있는 이야기는 되도록 담지 않으려고 노력했습니다.

1장에서는 영어공부방을 시작할 때의 이야기를 담았습니다. 2장에서는 영어공부방 운영에 있어서 실패와 성공에 관한 이야기를, 3장에서는 비전공자의 영어공부방이 롱런하는 노하우에 관한 이야기를 정리했습니다. 그리고 4장에서는 영어공부방을 운영할 때의 마음 관리에 관한 이야기로 마무리하였습니다.

전공과 관계없이 영어를 배우는 것을 좋아하고, 배운 것을 누군가에게 가르쳐주는 일을 사랑하는 사람이라면 누구나 이 책을 통해 작은 영감이라도 얻어 자신만의 영어공부방을 성공적으로 운영할 수 있을 것이라 자신합니다.

　혹은 이미 영어공부방을 준비하고 있거나 시작 초기인데 모든 것을 혼자서 처리하고 결정해야 함에 있어서 도움받을 곳이 필요하셨던 분들에게도 나의 고군분투했던 경험들이 그들의 이정표가 될 수 있기를 바랍니다.

목차

제 3장 비전공자의 영어 공부방 시크릿 노하우

제 4장 타월을 던지지 마라

제 1장

나는 나를 고용하기로 했다

내 인생, 내가 선택한 결과

　IMF로 대한민국 대부분의 부모가 힘들었던 그 시기에 나의 부모님도 마찬가지였습니다. 나는 아버지의 어려워진 사업을 돕기 위해, 뇌 생명공학자의 꿈을 잠시 보류하고 학업을 중단하였습니다. 그리고 아버지가 운영하시는 자그마한 금속 제조회사에서 일을 시작했습니다. 딱 3년만 아버지의 일손이 되어드리고 나서 내가 하기로 했던 공부를 계속하기로 아버지와 약속하였습니다.

　아침 7시부터 저녁 11시까지 새로운 분야에 대해서 공부하고 도전하는 하루하루가 반복되었고 나름 회사를 일으키기 위해 열심히 일했습니다. 그러면서 3년은 10년이 되었고 다시 18년이 될 때까지 나는 그곳을 벗어날 수 없었습니다. 아버지의 회사는 확장 이전하면서 안정적인 모습을 찾았고, 내가 더 이상 거기서 할 일이 없다고 판단되었을 때는 이미 내 나이가 42살이 되어 있었습니다. 나의 꿈은 저 멀리 떨어져 있었고 쉬고 싶었습니다. 사직서를 내고 회사를 나오자, 불 같은 성격의 아버지는 분노하시면서 나를 비난하는 말씀을 하고는 연락을 끊으셨습니다. 그렇게 내 인생의 진짜 독립은 지금부터 라는 생각으로, 내가 할 수 있는 일을 찾아보기 시작했습니다.

43살의 여자가 할 수 있는 일은 적었습니다. 20대의 꿈이었던 뇌 생명공학의 공부를 다시 시작할 수도 없었습니다. 내가 잘하는 것이라고는 18년간의 회사생활에서 해외영업업무로 쌓은 영어실력 정도였습니다. 자의 반 타의 반으로 1년간의 안식년 기간이 흐르고 나자 모아두었던 돈도 거의 바닥이 나고 더 이상 집에만 있을 수는 없었습니다.

직장생활을 그만두면 꼭 하고 싶었던 선술집을 운영하고 싶었기에 꼬치와 술을 파는 가게를 집 앞 상가에 자그맣게 열었습니다. 음식을 하는 일에 소질은 없었지만, 가게에 모여드는 사람들을 응대하고 그들의 삶을 들여다보는 것이 즐거웠습니다. 시간이 흐르면서 나름 가게는 조금씩 자리를 잡아갔습니다.

하지만, 퇴사 시기와 맞물려 이사를 하면서 기존의 아파트 매매가 2년 가까이 성사되지 않아 그로 인한 대출금으로 힘든 시기가 다가왔습니다. 비어 있는 아파트의 매매가 이루어질 때까지 그 공간을 계속 비워 두기보다는 활용해야겠다고 생각하게 되었습니다. 직장생활을 하면서 주말에 고등학생 과외를 했던 경험을 살려 영어공부방을 시작해보자 결심하였습니다.

그 당시의 나는, '초중등 학생을 가르치는 일이 뭐가 그리 힘들겠냐?'는 어리석음과 '아파트 동마다 보이는 '공부방'을 나라고 왜 못 하겠냐?'는 무지함으로 무장됐었고, '아이들을 가르치려고 하면 최소한 나 스스로 매일 영어 공부

를 하지 않겠냐'는 단순한 생각으로 책상 2개와 의자 3개로
영어공부방을 시작하였습니다.

내가 결정한 대로 내 인생은 그 모습을 만들어갑니다. 운
은 타이밍이라기 보다 선택입니다. 성공하기로 선택하고
결단을 내려야하는 순간에는 머뭇거리지 말고 일단 실행하
는 용기를 내야 합니다.

배우면서 가르치다

처음 시작은 물론 프랜차이즈의 도움을 받았습니다. 가맹비 300만 원으로 창업컨설팅과 홍보에 대한 것을 배울 수 있고 초등학생 수업 방법도 알 수 있었습니다. 본사에서 시키는 대로 하면 10명, 20명쯤은 거뜬할 것 같았습니다.

오픈 이벤트로 첫 달 무료 수업을 홍보하였습니다. 전단과 홍보물인 연필을 가방에 담아 학교 앞과 엄마들이 많이 간다는 카페 건물 입구에서 나눠주었습니다. 홍보물을 받을 때 엄마들의 표정이 아직도 잊히지 않습니다. 그나마 꼬치 가게를 운영하면서 전단 홍보를 해보았기에 가능한 일이었습니다.

여름방학 직전이었기에 2주 동안 하루에 수 시간을 꼬박 서 있자 탈진이 왔습니다. 그래도 덕분에 상담 3건을 하고 1명이 등록하였습니다. 드디어 나에게 배울 학생이 온 것입니다. 이로써 낮에는 공부방, 밤에는 꼬치를 굽는 일을 하면서 새로운 일에 들뜬 마음으로 하루하루를 보내고 있었습니다.

하지만, 초등학생은 고등학생을 가르칠 때와 달랐습니다. 영어를 배우기 시작하는 초등학생은 알파벳을 제대로 모르며 apple이라는 단어조차 읽지 못한다는 것을 그때야 알게 되었습니다. 고등학생들과는 가르침의 방향이 완전히 달랐습니다. 다행히 나의 첫 학생이었던 은미(가명)는 알파벳은 알고 있는 4학년이었고 프랜차이즈의 교재로 수업 진행을 하였습니다.

정말이지 프랜차이즈에서 알려준 대로만 수업을 하면 되

는 줄 알았습니다. 하지만, 수업은 지루했고, 학생보다 내가 더 재미가 없었습니다. 다행히 은미는 내 수업을 좋아했고 무료 수업이 끝난 후 나에게 등록하였습니다.

만약, 은미가 내 수업을 나만큼 재미없어했다면 나와의 수업을 계속하지 않았을 테고, 그쯤에서 나는 공부방을 포기했을지도 모르겠습니다. 이 아이 덕분에 나의 공부방 선생으로서의 인생이 시작되었다고 할 수 있겠습니다. 은미가 영어를 좋아하고 잘할 수 있도록 도와주고 싶다는 마음이 들었고, 나 자신을 위해서 수업을 재미있게 해야 했습니다. 방법을 찾아야 했습니다.

인터넷에서 초등학생 영어 수업에 관해 검색하며 즐겁게 수업하는 방법을 메모하고 관련 책을 읽어보며 은미에게 다양한 방법으로 수업을 진행했습니다. 은미의 반응과 결과를 살피면서 나의 이런 실험적인 수업은 6개월이 지속되었습니다. 비록 1명뿐이었지만 그 아이와의 완벽한 1시간의 수업을 위해 연구하고 공부하며 적용하고 고쳐 나갔습니다.

남편은 겨우 한 명 가르치려고 가게와 공부방을 1시간씩 오가는 것은 아닌 것 같다며 그만두라고 했지만, 그 한 명의 학생이 나와 함께 6개월이나 수업을 계속해 준 덕분에 나는 여러 가지 도전을 할 수 있었고, 지금 내 공부방의 틀을 잡을 수 있었습니다. 나에게는 은미가 행운과 같은 아이였습니다.

그 즈음에서 내가 선택한 프랜차이즈 교재와 학습시스템이 나와 맞지 않다고 판단하여 더 이상 수업에 사용하지 않기로 하였습니다. 그 아이에게 맞는 교재와 수업방식으로 요일마다 각기 다른 영역의 수업을 시도할 수 있었습니다. 이건 단순히 아이의 필요에 의해서 라기보다는 내가 수업에 재미를 느끼기 위해서였습니다. 가르치는 일에 점점 재미가 생기기 시작하자 같이 공부할 학생이 더 필요해졌습니다.

실패가 두려워서 모든 준비를 완벽히 하고 나서 뭔가를 시작하려고 하면 죽을 때까지 아무것도 할 수 없습니다. 좋아하는 일, 하고싶은 일을 찾는 것도 중요하지만, 그것을 찾는 것에 너무 많은 시간을 할애해서 정작 아무것도 시작하지 못하는 일이 일어나서는 안 됩니다.

열정은 계시처럼 오지 않습니다. 실제로 해보기 전에는 재미없고 하찮아 보이는 일들도 조금만 깊이 관여해보면 처음에는 몰랐던 많은 면을 알게 되고, 기쁨을 느끼게 되는 경우도 생깁니다. 꾸준히 하다 보면 그 일을 좋아하는 마음이 생기기도 합니다.

다들 처음엔 이렇게 한다구?

내가 공부방을 차린 위치는 아파트 제일 꼭대기 20층이었습니다. 공부방을 하기에는 그리 썩 좋은 위치는 아니라는 것을 한참이 지나서야 알게 되었습니다. 아이들이 오기에 너무 멀고, 지속적인 홍보가 이루어지지 않으면 내가 거기서 공부방을 하고 있다는 것을 아무도 알 수가 없었던 것입니다.

내가 20층에서 공부방을 한다고 하면 누가 그런 자리에 공부방을 하냐면서 1층으로 이사를 하라고 하였습니다. 하지만, 그럴 수 없는 형편이었기에 내가 여기 있음을 알리기 위한 홍보활동을 해야겠다고 생각하고, 책이나 인터넷에서 성공한 공부방의 원장님들이 소개한 모든 것들을 다 해보기로 하였습니다.

내가 초창기에 해 보았던 홍보 방법들은 이렇습니다.

1. 전단지: 일반적으로 4,000장씩 주문함. 아파트 4,000세대 직접 투입. 남편과 함께 주말에 아파트 계단을 걸으면서 세대 문 앞에 붙였음. 요즘은 보안관리로 입출이 자유롭지 않고 허가되지 않은 전단을 붙이면 관리실에서 연락이 와서 다 가져가라고 하기도 하니 그렇게 추천하지 않음. 한 번쯤은 경험상 해 볼 만 하나, 두 번은 하지 말 것. 전단 제작업체에 부탁하면 전단 직투 알바를 구해 줌. 내 시간, 내 몸 생각하면 그리 비싸지 않으니 전문가의 도움을 받을 것.

2. 현수막: 처음 오픈했을 때는 꼭 현수막으로 알리는 것이 필요함. 불법 현수막으로 신고를 당하거나 구청 직원에 의해 1시간도 안 되어 철거될 수 있음. 금요일 저녁에 부착하고 월요일 아침이나 일요일 저녁에 떼어낼 것을 추천함. 현수막을 보고 전화가 빗발칠 것이라는 기대는 하지 말 것.

3. 아파트 게시판 광고: 관리사무실에 등록한 전단을 아파트의 각 동 출입구에 있는 게시판에 일정액의 돈을 지불하고 정해진 기간 부착할 수 있음. 전단 직투보다는 간편하나 홍보 효과도 일시적임.

4. 설명회: 아이들의 영어교육에 관한 주제로 설명회 개최. 동네의 특성에 따라 설명회 신청이 잘 안될 수도 있음. 내 공부방이 있는 동네는 학부모의 교육열이 그다지 높지 않아서인지 세 분의 어머님이 참여하셨음.

5. 홍보물: 동네 미용실과 세탁실, 아이스크림 가게 주인에게 허락을 받아 공부방 명함을 계산대 근처에 세워 두었음. 종이컵에 로고와 연락처를 새겨서 가져다 드리기도 함.

연락해 온 것 없음. 초등학교는 입학설명회, 학부모설명회 등 학교행사가 있을 때 교문 근처 횡단보도에서 쓰레기봉투에 홍보 스티커를 붙여서 배포. 중학교는 시험이 끝나는 날에 봉지라면에 공부방 스티커를 붙여 학생들에게 나눠줌.

6. 전봇대에 전단 붙이기: 최후의 방법이라 생각하고 시도한 방법임. 집 근처 건널목에 있는 전봇대에 전단을 붙임. 하단에 전화번호를 떼어갈 수 있게 하고 겨울방학 이벤트라는 제목으로 30%할인함. 이게 과연 효과가 있을까 하는 의심을 가장 많이 했음. 그럼에도 손을 호호 불어가면서 창피함을 무릅쓰고 붙임.

하라는 대로 다 했습니다. 성공했다는 그들이 이야기하는 방법을 모두 해 보았지만, 상담 예약이 빗발치거나 등록을 하러 줄을 서는 드라마틱한 일은 일어나지 않았습니다. 1명의 학생과 6개월을 버틴 그 해 겨울, 제일 믿음이 가지 않았던 홍보방법인 전봇대의 전단을 보고 2명의 학생이 할인된 수강료로 등록을 하였습니다. 그렇게 3명에서 5명, 다시 10명의 학생이 나와 함께 수업하는 데에 딱 1년 6개월이라는 시간이 걸렸습니다.

　안 해본 일을 시작할 때는 같은 분야에서 성공한 사람들이 했던 것을 똑같이 해보아야 합니다. 직접 경험해보고 알게 되는 것만큼 값진 가르침은 없습니다. 그러는 중에 기대하지 못했던 곳에서 놀라운 결과가 나타나기도 합니다.

왜 안 되는 거지?

신규 공부방은 아직 학부모들에게 검증이 안 되었기 때문에 내가 기대하는 수준의 평범한 아이들을 가르칠 수는 없습니다. 초창기 나에게 온 아이들의 대부분은 다른 공부방이나 학원에서 적응하지 못하거나 공부시기를 놓쳐 수준에 맞는 수업을 원하는 시간에 들을 수 없는 경우였습니다.

4학년인데 아직 알파벳을 모르거나 알아도 이전 영어학

원이나 공부방에서 학습 속도를 따라가지 못해 쉬고 있는 아이들, 혹은 중학생임에도 아직 영어문장을 읽을 줄 모르는 아이들이었습니다.

학생들의 눈높이에 맞추어서 보다 쉽게 그리고 효과적으로 수업을 해 줄 필요가 있었습니다. 같은 수업을 해도 5명의 아이의 결과가 모두 달랐습니다. 은미만 가르칠 때와는 이야기가 달랐습니다. 기대하는 만큼의 속도와 결과를 보이는 아이들이 있었던 반면에, 그렇지 못한 아이들도 있었습니다.

전날에 배운 것을 다음 날에 10%도 기억하지 못하거나 너무 산만해서 수업에 집중하지 못하였습니다. 과제 수행률이 0%에 가까워서 그 아이들을 어떻게 가르쳐야 할지 앞이 보이지 않았습니다.

나의 기대와 다르게 나타나는 아이들의 반응과 결과에 내가 선생으로서 자질이 없나 보다고 생각하였습니다. 앞으로 계속해서 이런 아이들과 함께 할 자신이 없었습니다.

하지만, 그것이 나에게 포기의 이유는 되지 못했습니다. 그저 공부 영역이 없는 주관식 시험지를 받아 든 기분이었습니다. 그래서 해설지나 정답지를 보고 싶었습니다.

궁금했습니다. 성공했다는 공부방의 원장들도 분명 나와 같은 문제를 가졌을 것인데 어떻게 이 문제들을 해결하고 있는지 알고 싶었습니다. 나의 아이들에게 맞는 처방을 찾아야만 했습니다.

주변에 물어볼 곳이 없던 나로서는 인터넷의 도움을 받을 수밖에 없었습니다. 네이버 카페 성공운(성공하는 공부방 운영하기), 강영만(강한 영어학원 만들기), 학관노(학원 관리노하우)에 가입해서 질문을 남기고 댓글로 도움을 받기도 하고 그들에게 직접 메일을 보내서 여쭈어 보기도 하였습니다. 하지만, 모두 피상적이거나 우리 아이들에게는 적용되지 않아서 실질적인 해결책이 되지는 못했습니다. 직접 그들의 이야기를 들어야겠다고 판단했고, 성공노하우를 들려준다는 그들의 세미나에 참석하기 시작했습니다.

주말마다 서울, 인천, 분당을 비행기나 기차를 타고 오가며 그분들의 이야기를 듣고 보고 필기하며 '나도 저렇게 하면 저분들처럼 잘 해낼 수 있겠다'는 생각으로 들떠서 집으로 돌아왔습니다. 세미나 다음 날은 바로 학생들에게 배운 것을 적용하였습니다. 물론, 그들의 노하우기 니의 공부방에 동일한 효과나 결과를 가져오지는 않았습니다. 나와 그들은 능력이나 경험 면에서 큰 차이가 났기에 '나다움'의 과정이 필요했습니다.

나의 성향이나 아이들에 맞추어 변형하거나 내 공부방에 맞지 않는 것은 기꺼이 버렸습니다. 그러는 사이 아이들은 조금씩 변화하기 시작했습니다. 간단한 단어 시험조차 힘들어 했던 아이들이 100점을 받으면서 영어에 대한 자신감을 조금씩 가졌습니다.

도무지 좋다고 할 수 없는 상황이 발생하더라도 '나는 운이 나빠.', '역시 나는 안돼.'와 같은 부정적인 생각을 하면서 피하려고만 하지 말고 되는 방법을 찾기 위해 뭔가를 해보려고 하면서 해결책을 찾을 수 있습니다. 현재 내가 할 수 있는 일을 하면 됩니다.

제 2장

억대 영어 공부방으로 성장하다

비전공자인 내가 괜찮았던 이유

　나는 영어 비전공자입니다. 영어를 전공한 여러 공부방 원장들에 비하면 아이들을 가르치기에 나 자신이 부족한 점이 많다는 것은 사실입니다. 그럼에도 불구하고 나는 20년이 채 되지 않는 직장생활을 통해 영어가 살아가는 데에 얼마나 중요한지를 잘 이해하고 있었습니다. 영어라는 도구를 손에 쥐고 있을 때, 인생에서 내가 선택할 수 있는 경우의 수가 혹은 예상하지 못한 기회가 그렇지 않을 때보다

훨씬 많아진다는 것을 경험했기에 아이들에게도 영어라는 네비게이션을 장착할 수 있도록 돕고 싶었습니다. 그렇기에 나 스스로 나의 영어 공부를 게을리하지 않았습니다.

매일 CNN 뉴스를 듣고 뉴욕타임스를 읽으며, 영화나 미드로 쉐도잉을 하면서 듣기와 말하기 훈련을 하였습니다. 정확한 영어 발음을 위해 학관노에서 하는 발음수업을 수강하며 ATT와 같은 발음훈련 책과 유투브 강좌를 통해 매일 2시간씩 훈련하였습니다. 이렇게 훈련한 덕분에 아이들과 학부모님 사이에서는 발음이 좋은 영어 선생으로 인정받았습니다.

영어권 나라에서 살지 않아도 발음훈련을 통해 영어를 제대로 발음할 수 있음을 체험하였기에 아이들에게도 제가 훈련한 방법으로 '소리영어'수업을 동네에서 내 공부방만의 특화된 커리큘럼으로 만들어 나갔습니다. 영어의 4대 영역 즉, 듣기, 읽기, 말하기, 쓰기 중에서 듣기와 읽기(소리영어는 읽기활동이라 생각합니다.)를 집중해서 가르쳤습니다. 지금도 하루 30분 쉐도잉 훈련은 매일 빠짐없이 하고 있습니다. 아이들에게 녹음과제를 매일 시키면서 언어는 생활이기에 몸에 체화될 때까지 반복해야 한다고 말하고 있으므로, 선생인 나도 그것을 매일 실행합니다.

꾸준하게 뭔가를 한다는 것은 자신과의 싸움에서 이기는 것입니다. 더 쉬운 선택보다 더 어려운 선택을 할수록 인생은 오히려 더 쉬워집니다. 집중이 안되고 부정적인 생각이 들 때는 매일 우리에게 8만 6,400초의 시간만큼의 기회가 주어진다는 사실을 기억하세요.

입소문을 믿고 광고를 안 한다고?

삼성, 애플과 같은 세계 굴지의 회사들도 매일같이 엄청난 광고를 합니다. 이미 누구나 알고 있는 그들도 이럴 지인데, 나같이 작은 공부방의 경우는 말할 필요도 없습니다. 게다가 공부방은 학원이나 교습소와는 달리 아파트 내부에 있어서 누구에게나 쉽게 '나 여기 있어요?'라고 알릴 수 없었습니다. 학부모의 소개로 학생이 등록할 정도의 입지에 오르더라도 내가 여기 살아있음을 지속해서 알려야 고객이

나를 기억합니다.

필수적으로 해야 하는 광고는 블로그입니다. 블로그를 시작하는 시기는 오픈 준비를 하는 단계부터 혹은 유의미한 수업 영상을 만들 만큼의 학생이 모집된 이후의 두 가지 단계가 있습니다. 첫 번째로 공부방을 준비하는 단계부터 블로그를 작성하는 경우는 나의 각오, 책상이나 영어책 구매, 홍보물 준비 과정 등 공부방 오픈일지를 작성한다는 생각으로 매일 블로그에 기록을 남깁니다. 두 번째로 어느 정도 학생이 모집된 이후에는 수업 커리큘럼, 시간표, 반별 수업 영상이나 교육자료 등을 매일 블로그에 작성합니다.

나의 경우는 두 번째의 단계에서 블로그를 시작하였습니다. 소리영어수업의 결과물인 학생들 더빙영상을 위주로 블로그에 수업 영상을 매일 올렸습니다. 나의 철학과 이벤트 영상도 빠짐없이 올렸습니다. 하루하루 공부방을 운영하는 나의 일상을 기록하듯 작성하였습니다.

블로그 이외에도 젊은 학부모님이 많은 지역은 인스타,

당근마켓도 추천합니다. 인스타는 블로그에 올린 영상이나 사진, 학생모집 카드뉴스를 만들어서 올렸습니다. 당근마켓은 우리동네 과외/클래스에 글을 올리거나 유료로 일정 시간 타겟 지역에 광고를 할 수 있습니다. 나는 글을 쓰는 것이 익숙해서 인스타는 잘 사용하지 않고 있습니다만 인스타를 홍보 채널로 사용하겠다고 결정한 경우에는 1,000명 정도의 팔로우를 만들 때까지는 매일 작성한다는 각오로 꾸준히 작성해야 합니다.

초창기에 했던 길거리 현수막이나 전단 직투는 이제 하지 않습니다. 대신에 일 년에 40-70만 원 정도의 비용으로 아파트 엘리베이터 게시판 광고를 합니다. 전단 직투 1회 비용으로 1년간 편하게 내 공부방의 이름을 알리는 역할을 합니다.

가장 효과가 있었던 홍보물을 이야기한다면 1층으로 공부방을 이사한 이후 공부방의 거실 유리창에 설치한 대형 LED간판이었습니다. 내부에서 쉽게 유리창에 붙일 수 있고 오며 가며 학부모님들이 보시고 전화 문의를 많이 주셨습니다. 역시 "나 여기 있어요."의 역할을 충실히 해주는 것은 간판이었습니다.

다양한 홍보수단 중에서 어떤 것이 나에게 그리고 우리 동네에 적합할지는 직접 해보지 않고는 알 수 없습니다. 이게 좋다더라, 저걸로 등록 많이 한다던데 라는 말에 현혹되지 말고 할 수 있는 한, 전부 다 시도해보아야 합니다.

실패를 통해서 객관적이고 냉철하게 내가 어디쯤에 있는지를 볼 수 있고 비록 타인에게는 실패로 보일지라도 자신만의 성공으로 가는 길을 걸어갈 수 있습니다. 정말로 현명한 선택은 더 좋은 결과를 만들기 위한 것이 아니라 그 선택을 어떻게 나에게 도움이 되는 방향으로 만들어가는지에 달려있습니다.

내가 원장이니 내 맘대로

공부방을 시작하면서 가장 필요한 것은 규칙이었습니다. 1명을 수업하더라도 결석에 따른 방침이나 결제일, 보강, 방학 등에 관한 규칙을 세워 두어야 합니다. 내 공부방의 대표는 나 자신이므로 누구의 눈치도 보지 말고 내가 원하는 대로 만들면 됩니다. 이러한 규칙이 없으면, 어떠한 상황이 생길 때마다 임기응변식으로 처리하게 되고 이는 학부모와 아이들에게 혼란을 가중시킵니다. 또한, 내 공부방이 학부모의 요구대로 좌지우지되는 경우가 초래되기도 합니다.

첫 학생인 은미 1명을 가르치기 위해 수업준비를 하고 기다리고 있던 어느 날이었습니다. 10분이 지나도 은미가 도착하지 않아 어머님께 문자를 보냈습니다. 곧바로 답장이 왔는데, 오늘 갑자기 일이 생겨 멀리 외출 중이어서 수업에 가지 못할 것 같다는 내용이었습니다. 화가 났습니다. 내가 중요하지 않은 사람으로 취급받은 것 같았습니다. 은미를 만나기 위해 왕복 1시간을 도로에서 보내고 그 아이를 위해 기다렸던 나의 시간이 낭비된 것 같아 더 속상했습니다.

그러던 중에 "오늘 빠진 수업에 대해 보강수업은 언제 가능한가요?"라는 문자가 도착하자, 나의 분노는 극에 달했습니다. 하지만, 이런 일이 생기게 된 것은 내가 사전에 결석과 보강에 관한 규칙을 안내하지 않았기 때문에 발생한 일이었습니다. 앞으로도 이런 일은 계속해서 생길 것이고 이것에 대한 나의 원칙을 세워야 했습니다. 어느 누구도 아닌, 내 공부방이었기 때문입니다.

그 뒤부터는 "건강상의 이유로 1주일 이상의 결석이 생길 시 등록일을 연장한다. 개인적 사유(학교행사, 생일파티, 외식, 피곤해서 등)로 인한 결석 시는 이월되지 않는다. 보강은 상시 보강되는 형태로 따로 보강수업을 하지 않는다."는 규칙을 만들어 신규로 등록할 때마다 빠짐없이 안내하였습니다.

나의 규칙은 나만의 공부방 문화를 만들어냅니다. 매일 단어학습과 녹음과제를 하는 규칙, 스스로 찾아서 알 수 있는 것은 질문하지 않는 규칙, 과제 플래너에 스스로 체크하는 규칙, '못한다'대신 '해보겠다' 말하는 규칙, 이벤트 행사는 연중 3회(어버이날, 핼러윈, 크리스마스) 실시하는 규칙, 책 한 권을 모두 공부했을 때 간식을 먹거나 보드게임을 하는 책거리를 하는 규칙 등은 내 공부방의 학습문화로 정착되기 시작했습니다.

음악을 좋아하는 내가 학창 시절 팝송을 들으면서 영어

를 계속 좋아하고 공부할 수 있었기에 아이들과 한 달에 한 곡의 팝송을 배우고 매일 수업시작 전 따라 부르는 규칙도 빼놓을 수 없었습니다. 음악은 책과 함께 언어를 좋아하고 더 집중적으로 공부할 수 있도록 도와줍니다. 외국인들이 K-pop을 따라 부르면서 한국어에 관심을 가지게 되어 공부하는 것처럼 말입니다.

이런 규칙들은 팝송을 자연스럽게 따라 부르게 하고 스스로 학습할 것을 확인하며 필요한 정보를 찾을 줄 아는 아이들로 만들어갔고, 이것은 나의 공부방 문화가 되었습니다.

공부방이든 직원을 둔 사업체를 운영하든, 규칙은 운영자의 철학을 바탕으로 만들어집니다. 그 철학은 '내가 이 일을 왜 하는가?'에 대해 답함으로써 내 업의 본질을 찾아가는 과정에서 견고해졌습니다.

처음에는 내가 처한 상황을 해결하기 위한 임시방편으로 시작했던 이 일이 학생들과 함께하면서 그들에게 세상을 살아가면서 꼭 필요한 공부를 대하는 태도를 알려주는 어른이 되기 위해 이 일을 하고 싶어졌습니다.

이러한 나의 철학은 나의 공부방에서 영어는 수단일 뿐 목적이 아니며 공부하는 방법을 알려주는 곳이라는 내 업의 본질이 세워졌고 그러기 위한 규칙과 커리큘럼이 계속해서 만들어지고 고쳐지고 있습니다.

모르면 제발 물어라

　학생들이 조금씩 늘어났지만, 초창기 나의 공부방에 오는 아이들은 모두 학년과 관계없이 영어 사교육이 처음인 아이들이었고 학습 수준도 제각각이었습니다. 아이들이 영어에 재미를 느끼고 또한 실력을 올릴 수 있도록 학생들 한 명 한 명에게 맞는 학습 방법을 찾기 위해서 개설하는 모든 영어관련 세미나는 놓치지 않고 들었습니다.

나 자신이 영어나 교육에 관련해서 모르는 것이 많았기에 상담부터 운영까지 사소한 것이라도 물어보는 것을 두려워하지 않았습니다. 지금 생각해보면 답이 없는 허무맹랑한 질문도 많이 했던 것 같습니다. 다행히 대부분의 강사님이 짧더라도 자신의 지식과 경험을 알려주셔서 그 속에서 나만의 답을 찾아내기도 했습니다. 그분들의 직업이 선생이었기에, 질문에 대답해주는 것을 꺼리지 않았기 때문인지도 모르겠습니다.

내가 배움을 위해 주로 활용하였던 온라인커뮤니티는 아래와 같습니다.

첫 번째, 네이버 카페-성공하는 공부방 운영

이곳에서 처음 6개월 정도 공부방 운영에 관한 다양한 정보를 구할 수 있었습니다. 거기서 강소진 원장님과 데이빗 원장님의 세미나를 통해 초등학생들과 재미있게 수업하는 여러 가지 팁을 얻었고 공부방 선생으로서의 내 철학의 모토를 얻을 수 있었습니다. 지금 두 분은 인스타를 통해서 다양한 수업노하우를 알려주기도 하고 개인적으로 유료 세미나를 열어 초등학생 수업에 관한 많은 경험과 인사이트를 전달하고 있습니다. 이 두 분은 지금까지도 계속해서 나의 정신적 멘토로 남아있습니다.

두 번째, 네이버 카페-강한 영어학원 만들기

네이버 카페 '성공하는 공부방 운영'이 수학, 영어 등 모든 종류의 공부방 운영을 하는 분들을 위한 교류의 장이라면, 네이버 카페 '강한 영어학원 만들기'는 원용석 소장님이 2016년 겨울에 개설한 영어 과목에 관한 사교육을 하는 분들을 위한 곳입니다. 작은 소모임과 스터디도 많고 물어보기 민망한 사소한 물음에도 여러 원장님이 친절하게 자신의 경험담이나 의견을 들려주어 실질적으로 가장 많은 도움을 많았던 그리고 지금도 받는 곳입니다.

강영만 카페에서는 전국 구석구석 영어학원, 영어공부방 분야에서 내로라하는 훌륭한 분들이 정기적으로 세미나를 개최합니다. 2017년 첫 세미나부터 지금까지 개설된 거의 모든 세미나를 빠짐없이 들었습니다. 원용석 소장님, 차동률 원장님, 에메트 원장님, 이정식 원장님, 백성민 원장님

의 가르침은 나의 공부방 시스템을 체계화하는 틀이 되어
주었습니다.

특히 세미나가 끝난 후 강사님과 함께하는 뒤풀이 시간
은 사람들과 대화하는 것을 좋아해서 빠지지 않고 참석했
습니다. 실제 그 시간은 잡담만 하는 시간이 아니라, 온라
인상의 글에서 얻을 수 없는 그분들의 살아있는 경험과 노
하우를 직접 느끼고 더 많이 배울 수 있는 귀한 시간이었습
니다. 다른 원장님들과 대화를 나누면서 평소에는 머리에
서만 맴돌기만 했던 아이디어들이 구체화되기도 하였습니
다.

세 번째, 네이버카페 '학원관리노하우'

내가 학원을 운영하지는 않지만, 학원관리노하우 카페에
가입한 이유는 나의 경쟁상대는 공부방이 아니라 학원이라
생각해서였습니다. 그들은 어떻게 학원을 운영하고 성장시
키는지 알아야 했기 때문입니다. 이 곳에서도 다양한 세미
나가 개최되지만, 가장 큰 도움을 받았던 세미나는 발음훈
련과 입시 관련 세미나였습니다. 이 두 가지는 비록 공부방

이지만, 나의 공부방을 동네 학원에서 하지 못하는 풍부한 입시정보를 제공하고 아이들의 발음이 유창해지는 특별한 공부방으로 만들어주었습니다.

　내가 존경하는 멘토가 있다면 용기를 내어 다가가서 도움을 요청하세요. 이유를 명확히 밝히고 자신의 열정을 담은 모습을 보여준다면 누구든 반응을 보일 것입니다. 원하는 답을 얻을 때까지는 먼저 무엇이든 전부 시도하세요.

묵묵히 계속하는 일상이 성공이다.

　아무리 많은 세미나를 듣고 알게 된 것이 많더라도 배운 것을 바로 실행하지 않으면 시간이 흘러 내가 기억하는 것은 거의 없게 됩니다. 실행하지 않으면 알고 있다고 착각한 상태로 머물게 되고 시간이 흘러 직접 해보려고 했을 때는 거의 실패하고 맙니다. 그러고는 '이 세미나 별로네. 알려준 대로 안 되네. 하던 대로 해야겠다.'고 스스로 자기합리화를 하면서 무엇이 잘못된 것인지 알아보려고 하지 않습니다.

이러한 실패를 거듭하지 않기 위해서, 세미나를 들은 그날 바로 온라인으로 후기를 남기거나 노트에 내일 당장 할 수 있는 것을 정리하였습니다. 오늘 배운 세미나 내용 중에서 우선 단 한 가지만 내 공부방에 적용할 수 있는 반이나 아이들을 생각해보고 다음 날 바로 수업에 적용했습니다. 현직의 원장님들이 이야기하는 노하우들은 그들 공부방이나 학원에서 적용해 성공한 경우이고 나의 공부방에도 동일하게 적용되는가는 다른 이야기이기 때문입니다. 하루이틀, 길면 일주일 동안 바뀐 시스템이나 수업방식을 적용해보고 아이들에 맞춰 수정 보완하는 작업이 꼭 필요한 이유이기도 합니다.

아무리 훌륭한 방법이라도 우리 아이들에게 효과가 없거나 나에게 맞지 않는다면 과감히 버렸습니다. 이렇게 배운 것을 한 가지씩 실행하고, 서로 다른 세미나 내용을 섞어서 다시 나만의 것으로 만드는 과정을 통해 내 공부방만의 시스템과 학습 분위기를 만들어 나갔습니다. 수업에 적용한 내용과 아이들의 반응, 나의 느낌 등을 매일매일 수업일지에 기록하고 이러한 기록을 한 달 단위로 돌아보며 다음 달에는 다시 수정, 보완하거나 부족한 점이나 해결 방법을 알아보고 다시 필요한 세미나를 찾아 듣는 과정을 반복하였습니다.

처음 2년은 주말에 세미나를 통해 배운 내용을 주중에 아이들에게 적용해는 보는 일상이 계속되었습니다. 아이들 한 명 한 명의 변화를 살피고 기록하면서 내 수업, 내 커리큘럼을 조금씩 만들어 나가는 재미에 하루하루가 신이 났습니다.

그때까지는 나에게 오는 아이들의 수에 큰 변화는 없었습니다. 여타 성공한 공부방 원장들은 오픈하자마자 30명씩 등록하고 70명까지 가르친다고 했지만, 나에게는 그런 꿈같은 일은 일어나지 않았습니다. 한 달에 한 명의 신규학생이 등록해도 2년이면 20명 정도가 내가 가르치는 수가되겠다는 나의 기대와는 달리 정기적인 홍보활동을 하여도 나에게 오는 아이는 방학 후나 학기 초에 한두 명씩 등록하는 정도였습니다.

하지만, 학생 수가 제자리인 것에는 크게 연연해하지 않았습니다. 새로운 것을 배우고 그것이 실제 적용되는지 실험하는 과학자처럼 흥미롭고 호기심 넘치는 매일을 묵묵히 반복하였습니다. 그때 내가 할 수 있는 것은 그것뿐이었고 나는 그저 내가 할 수 있는 일에 몰입하였습니다. 10명 남짓한 아이들 각자에게 맞는 수업과 과제를 통해 그들의 공부 습관에 변화가 오고, 영어에서의 성장에 조금씩 결과가 나타나기 시작하자, 가르치는 즐거움이라는 것을 알게 되었고, 그걸로 충분히 운이 좋다고 생각했습니다.

1년 6개월이 되는 겨울, 별다른 홍보활동을 한 것도 없는데, 갑자기 아이들의 상담 문의가 늘기 시작했습니다. 그러고는 한 달에 10명의 신규 학생이 등록을 하였고, 공부방을 시작한 지 2년이 되는 시기에 드디어 나와 함께 공부하는 학생이 30명까지 늘어났습니다. 40명이라는 임계점에 가까워지는 데에는 꼬박 2년 6개월이 걸렸습니다. 3년 안에 40명까지 모집하자는 목표를 세우고 움직인 게 아니라, 아이들 각자를 관찰해서 맞는 방법을 찾아주고, 영어라는 도구로 보다 넓은 세상에서 살아갈 수 있다는 꿈을 가지도록 그저 오늘 하루에 최선을 다했을 뿐이었습니다.

모죽이라는 대나무는 씨앗을 심은 후 5년 동안 싹이 나지 않습니다. 땅 속에서 그 씨앗은 할 수 있는 일을 하며 자신을 채워나갔을 것입니다. 그러다 5년이 지나면 하루에 80cm씩 자라납니다. 영어공부방을 운영한 지 5년이 된 지금, 나는 억대연봉자입니다. 묵묵히 계속해온 일상이 성공이었던 것입니다.

제 3장

비전공자의 영어 공부방
시크릿 노하우

내 아이를 보내고 싶은 영어학원을 상상하라

우리 아이들이 어렸을 때 직장생활을 했던지라 여느 워킹맘들이 그렇듯이 하교 후 혼자 있어야 하는 시간을 위해 공부방이나 학원을 보냈습니다. 아이들이 아무런 문제없이 잘 다니기만 하면 감사하게 생각했고, 무엇을 어떻게 가르치는지, 아이들이 잘 배우고 있는지 관심을 깊게 가지지 못했습니다.

물론 잘하고 있는지 궁금했지만, 단 한 번도 공부방 선생님에게서 주기적인 피드백을 받거나 전화해서 물어보지는 못했습니다. 내가 학부모의 입장이었을 때 아쉬웠던 점들이 직접 공부방을 운영해보니 보이기 시작했습니다.

1) 주기적인 전화상담은 부담스럽지만, 분기별이라도 아이의 학습상태를 알고 싶다.
2) 지금 하는 교재가 무엇인지, 무엇을 배우는지 알고 싶다.
3) 아이가 과제를 잘해가는지, 학원에서는 수업 태도가 어떠한 지 알고 싶다.

그래서 전화상담은 수업 첫날, 일주일 후, 한 달 뒤 이렇게 3번을 실시하고 이후에는 어머님의 별다른 협조가 필요하지 않는 이상 전화상담을 하지 않았습니다. 대신, 일년에 한번 학부모 간담회를 통해 일대일로 상담을 합니다. 수업 시작되기 전인 오전 시간이나 수업이 끝난 저녁시간에 30분에서 1시간 정도 아이의 학습상태와 앞으로 어떻게 무엇을 배울 것인지 가정에서 도와줄 점 등을 간략히 말씀드리고 어머님들의 이야기를 주로 듣습니다.

거의 한달정도 소요되는 일이어서 힘이 들긴 하지만, 일대일 간담회의 만족도는 굉장히 높았고, 간담회 이후 어머님들의 나에 대한 신뢰를 돈독하게 할 수 있었습니다. 나도 학생들의 개인적인 이야기를 들을 수 있어서 그들을 보다 더 이해할 수 있는 시간이 되었습니다. 최고의 마스터는 학생에 대해 최대한 많은 관찰을 하고 가까워져야 한다고 하는데 개별 간담회는 가정에서의 학생의 모습이나 분위기를 알 수 있는 최고의 시간이 되었습니다.

대형 어학원에 비해 공부방은 한 선생이 학생을 밀접 관찰할 수 있다는 장점이 있습니다. 이를 최대한 활용해서 학생에게 맞는 학습 방법이나 속도를 조절할 수 있습니다.

나는 그룹티칭과 개별코칭을 섞어서 수업하고 있습니다. 우리 아이가 어렸을 때 보냈던 공부방에서는 문법교재 1권 뿐이었던 것에 다소 실망스러웠기에 비록 작은 공부방이지만 학생들이 언어의 4대 영역을 학습할 수 있는 커리큘럼을 어학원 못지않게 세팅하기 위해서는 학생들이 음원을 듣고 미미킹할 수 있는 랩실을 갖추는 것은 필수라고 생각했습니다.

하지만 한꺼번에 많은 노트북을 구매하기는 부담이 되었기에 학생 1명이 등록할 때마다 중고 노트북을 1대씩 구매하는 방식으로 조금씩 천천히 투자하였습니다.

단어학습이나 소리영어를 위해서는 온라인 툴을 활용하는 것이 꼭 필요합니다. 또한 아이들마다 학습 속도나 집중도가 달라서 아이들에게 맞는 툴을 찾아주고 한 가지 방식을 사용하는 것이 아니라 3~4가지 툴을 이용해 아이들에게 맞는 온라인프로그램을 선택해줍니다. 온라인프로그램으로 학습할 때는 적은 양을 자주 반복하도록 하는 것이 효과가 좋았습니다.

다양한 온라인 툴을 사용하면 진도보다는 누적해서 학습할 수 있는 다양한 방법을 시도할 수 있습니다. 내가 사용하고 있는 온라인 툴은 클래스카드(단어, 문법, 소리영어), 컴투맨프로(단어, 구문 등 중등부 필수 툴), 원아워(파닉스, 소리영어), 에메트시스템(단어 외 에메트 특화학습), 에메트그래머(문법), 라즈키즈(다독), 노션(수업영상복습, 문법개념학습) 등입니다.

그렇다고 손으로 직접 쓰는 일을 게을리하지는 않았습니다. 단어장에 단어와 품사를 필사하고 다시 공책에 3번 더 쓰게 하였고 예문도 1번씩 따라 쓰면서 그 단어가 어떻게 쓰이는지 공부하게 하였습니다.

영어원서는 이제 막 영어단어를 읽기 시작한 아이들이

읽을 수 있는 쉬운 리더스 책이나 그림 동화책 위주로 중고로 구매하였습니다. 영어원서 수업을 메인으로 진행하는 반은 이제 막 파닉스가 끝나 읽기에 집중해야 하는 반으로 정하고 그 이외의 반은 주 1회만 그룹으로 영어원서 수업을 합니다.

이렇듯 수업 시간에는 정독 수업으로 반복해서 읽으며 내용을 이해하도록 하고, 과제로는 온라인으로 2권씩 매일 읽는 다독으로 읽기 유창성을 향상할 수 있도록 하였습니다. 하지만 6학년이 되면 논픽션 위주의 독해교재로 정확한 해석을 할 수 있는 것을 수업 목표로 정하고 중학교를 대비합니다.

신규 상담의 경우 레벨테스트가 꼭 필요한 경우가 있습니다. 영어를 어느 정도 학습한 고학년이 해당합니다. 어학원만큼의 레벨테스트를 공부방에서 체계화하기는 어렵기에 능률이나 EBS에서 제공하는 학년별 레벨테스트를 활용하고 있습니다. 기존 학생들의 경우도 분기별 혹은 1년에 한 번 정도는 꼭 이 레벨테스트를 통해 학생들의 학습 성취

도를 객관적으로 점검하고 있습니다.

    토셀과 같은 공식적인 시험을 치러보는 것도 학생들에게는 유의미한 경험이 되었습니다만 시험 응시료와 시험 준비에 드는 비용에 대한 학부모의 협조는 비교적 낮은 편이어서 지속해서 하지는 못하였습니다. 공인시험이든 아니든 이러한 결과지는 학부모와의 개별간담회 시 유용한 상담자료가 됩니다.

비전공자는 + α 가 필요하다

영어 비전공자인 나는 어린 학생들에게 영어를 가르치기 위해서 필요한 것은 무엇이든지 배웠다고 말씀드렸습니다. 가장 먼저 공부한 것은 TESOL과 아동심리학이었습니다. 물론 대학원에서 전문적으로 배운 것은 아니고 온라인을 통한 자격증 과정으로 공부하였습니다. 더욱이 요즘은 온라인으로도 원하는 과정을 충분히 집에서 공부할 수가 있습니다. 고등학생 과외 경험으로 중학생은 그리 어렵지 않았지만, 초등학생들을 가르치는 것이 나에게는 더욱 힘들었기 때문에 그들을 이해하기 위한 심리학을 열심히 공부했습니다.

입시에 관심을 가지게 된 것은 우리 아이가 고등학생이 되었을 때였습니다. 수시, 정시, 학생부, 학생부종합전형 등 도저히 알 수 없는 용어들이 아이 입에서 나오는데 내가 대답해 줄 수 있는 게 없었습니다. 그래서 학관노에서 진행하는 입시전문가 과정을 수강하였습니다.

주말마다 세미나장에 가서 몇 시간씩 하는 수업을 들으며 모르는 것을 알아가는 재미에 신이 났습니다. 내가 학교 다닐 때와는 다르게 다양한 방법으로 대학에 갈 수 있는 지금의 입시 방법이 신기하고 새로웠습니다. 어설펐지만 아이의 입시와 관련해서 함께 이야기도 나누고 조언도 해주었고, 공부방의 학부모님과 상담을 할 때도 대학입시와 연결해서 정보를 줄 수 있게 되었습니다.

그러다 보니 나름 동네에서 입시정보가 밝은 선생으로

입소문이 나게 되었고 이와 관련해서 상담을 원하시는 학부모님도 늘어났습니다. 무엇보다 학생들에게 아직 멀게만 느껴지는 대학입시에 관한 이야기를 조금씩 해줌으로써 동기부여가 되기도 하고 나의 교육방침에 대한 신뢰를 줄 수도 있었습니다.

대학입시에 대한 지식은 내가 학생들을 지도하는 태도와 말에도 영향을 미쳤습니다. 학습 로드맵을 길게 그려 봄으로써 학생들이 나에게 진정으로 필요로 하는 것이 무엇일지 고민하고 나의 역할에 대해서 생각해 볼 수 있었습니다. 대학 입시전형을 공부하면서 나의 고객인 학생과 학부모가 원하는 것을 알게 된 덕분이었습니다.

이렇게 나의 공부방은 초등학생들은 영어에 재미를 느끼고 지속할 수 있도록 습관을 형성하는 데 목표를 두었고, 중학생들은 영어를 수단으로, 스스로 공부하는 방법을 익혀 고등학교에 진학해서는 혼자서 공부할 수 있도록 하는 것을 목표로 하였습니다.

학원에 다니는 학생 중에는 학원의 도움 없이 혼자서 공부하는 것이 두렵다고 말하는 경우가 많이 있습니다. 내 공부방에 다니는 중학생들은 이제 영어는 학원이나 공부방에 다니지 않고 혼자서 공부할 수 있겠다는 자신감과 자신에게 맞는 공부법을 익히게 하려고 하고 있습니다.

성공한 사람들과 같은 능력을 가질 수가 없다면, 플러스 알파를 선택하는 것이, 어려워 보이지만 오히려 쉽게 갈 수 있는 길입니다.

"10보다는 11을, 20보다는 21을, 30보다는 31을, 40보다는 41을, 50보다는 51을 선택하라. 0+1이 마스터에게 강력한 힘을 실어주는 숫자다."

- 예지 그레고렉 -

가르치지 말고 공부하게 하라

앞서 나에게 온 학생들에게 필요로 하는 것과 그들에게 있어서 나의 역할에 대해서 고민하였다고 하였습니다. 학생들과 얘기를 나눠보면 혼자서 공부하는 방법을 모르겠다는 경우가 많았습니다. 고등학교에 진학해서 뿐만 아니라 성인이 되어서도 앞으로 많은 것을 끊임없이 배우고 익혀야 하는 요즘 아이들에게 가장 필요한 것은 공부하는 방법을 올바르게 익히는 것입니다. 어른인 내가 이 아이들에게 전달해 줄 수 있는 것도 바로 그것이라는 생각이 들었습니다.

그래서 중등부부터는 '출력식 복습(아는 것을 말이나 글로 설명하기)'과 '독해지문 스스로 분석해오기'를 통해 수동적인 배움의 공간인 학원에서 능동적으로 공부할 방법을 다양하게 적용하였습니다. 처음에는 나의 설명만 듣고 고개만 끄덕였던 초등학생 때의 수업 분위기에서 나에게 역으로 설명해야 하는 상황에 학생들은 힘들어했습니다.

"지난 시간에 복습한 거라 다 알아요. 그런데 또 해요?"라고 말하기도 합니다. 하지만, 다 안다고 '생각'했던 것을 설명하거나 글로 적어보려고 하니 잘되지 않는 자신을 스스로 발견하게 됩니다. 안다고 '착각'했다는 것을 금세 깨닫고 기억이 나지 않는 부분을 다시 넘기면서 복습합니다.

초등학생들과의 수업은 소리영어와 낭독 위주로 많이 듣고 지속적인 반복을 통한 입력 위주의 수업을, 중학생들과의 수업은 학생마다 다르게 계획된 학습 플래너대로 스스로 움직이는 출력 위주의 수업을 하고 있습니다.

연필이 굴러가는 소리, 단어 가리고 혼자서 뜻을 말해보는 아이, 문법 개념을 빈 노트에 적어 내려가는 아이, 문제집 오답을 분석하는 아이, 미리 공부해온 독해 지문을 해석하는 아이, 나의 질문에 대해 인상을 써가며 설명하는 아이 등 모든 공부를 스스로 합니다.

그럼, 선생인 나는 무엇을 할까요? 내가 수업 시간에 하는 역할은 '피드백'입니다. 학생들이 '제대로' 공부하고 있는지 확인할 수 있도록 끊임없이 질문하고 학생들이 대답하도록 합니다. 어떤 지식에 대해 알고 있는 것을 설명하지 못하면 그 지식은 온전히 나의 것이 된 것이 아니라 이야기하며 친구들에게도 어떤 개념에 대해서 자신의 언어로 말하는 것을 생활화하라고 합니다.

처음이라 방법을 모르는 학생들에게는 내가 먼저 개념에서 중요한 부분, 꼭 기억해야 하는 부분을 쉽게 요약정리해서 설명해 줍니다. 그러고나서 꼭 다시 자신의 말로 설명하거나 글로 정리해 보게 합니다. 학생들의 질문에도 바로 설명해주는 경우도 있지만, 대부분은 역질문을 통해 스스로 답을 찾을 수 있도록 합니다.

사실 이런 공부법은 내가 중고등학생일 때 전교 상위권의 성적을 유지했던 방법이었습니다. 학교에서 늘 상위권을 유지했던 나에게 쉬는 시간이면 같은 반 친구들이 줄을 서서 질문을 했었고, 나는 최선을 다해서 한 명도 빼놓지 않고 설명을 해주었습니다. 그때는 거절할 줄 모르는 내 성격으로 인해 줄 서서 기다리는 친구들을 모른 체할 수가 없었기 때문에 나의 쉬는 시간 10분을 양보한다고 생각하였었는데, 지금 돌이켜 생각해보면 그 시간이 전부 나의 공부 시간이었던 것입니다. 친구들에게 설명해주면서 개념을 더 확고하게 나의 뇌 속에 심으며 복습을 한 셈이었습니다.

물론 과연 내가 가르치는 것보다 학생들이 공부한 것을 요약해서 설명하는 것이 더 효과적인지 실험도 해 보았습니다. 내가 직접 교재에 설명해가면서 개념에 대해 가르친 후 기억나는 것을 인출하는 경우에는 1~2줄도 적지 못했지만, 집중해서 강의를 듣고 자신의 손으로 필기하고 요약 정리한 후에는 거의 내용 대부분을 적어 내려갔습니다. 내가 목 아프게 아무리 설명해줘도 학생들에게 실질적인 도움이 되지 않았던 것입니다.

이렇게 '가르치지 않고 공부하게' 하는 방법으로 나의 공부방 중학생들의 학교 영어 성적은 모두 90점이 넘었고, 30점이었던 학생들도 위와 같은 방법으로 6개월 뒤 90점을 넘을 수 있었습니다. 또한 영어 과목에서의 좋은 성과는 공부에 대한 자신감을 주는 계기가 되어 다른 과목의 학습에도 영향을 미쳤고, 학생들 스스로 나와 함께 했던 공부법을 부족했던 과목에도 적용하기 시작했습니다. 이러한 학생들의 변화 덕분에 중학생들의 등록이 초등학생 등록보다 늘어났습니다.

선생은 가르치는 역할이 아니라, 제자가 스스로 답을 찾을 수 있도록 끊임없이 질문하는 역할임을 이제는 압니다. 아이들에게 물고기를 한 마리 잡아주면 하루는 먹고 살지만, 물고기를 잡는 법을 가르쳐주면 평생을 먹고 살 수 있습니다.

끊임없는 자기계발은 필수이다

나에게 오는 학생들이 모두 평균적인 학습의 단계를 밟아가지는 않았습니다. 파레토의 법칙에 따라 늘 20%의 학생은 과제를 잘 하지 않거나 수업 시간에 제대로 집중하지 않아서 배움의 속도가 아주 느려 어떠한 방법을 써봐도 내가 기대했던 성과가 나오지 않았습니다.

초창기에는 이런 경우 나 스스로에 대한 실패로 여겨 밤에 잠을 이루지 못할 정도로 괴로워하였습니다. 하지만, 그런 아이들을 바라보는 나의 관점을 '나의 실패'에서 '나의 도전'으로 바꾸어 바라보기 시작하자, 그들은 더 이상 잘라 내야 하는 썩은 나뭇가지가 아니라 새로운 답을 찾아야 하는 도전과제가 되었습니다. 그런 아이들로 인해 늘 겸손한 자세로 배움의 자세를 유지할 수 있었습니다.

길을 잃었다면 배움에 답이 있고 배웠다면 행동에 답이 있고 행동한다면 꾸준함에 답이 있습니다. 자기 계발은 성공하기 위한 것이 아니라 오늘의 내가 어제의 나보다 성장하기 위한 것으로 생각하기에 새로운 것을 배우는 것을 게을리하지 않았습니다. 나를 채우고 넘치게 해야 줄 수 있습니다. 배운 것을 온전히 나를 채우도록 하기 위해서는 꾸준히 실행해야 합니다.

하루 일과 중에 수업이나 상담 시간을 빼고 나 자신을 위해서 사용할 수 있는 시간은 오전 시간뿐이었습니다. 저녁에는 온라인 세미나가 있거나 거의 녹초가 되어 늦은 저녁 식사를 하고 가족과 대화를 나누며 감사일기로 하루를 정리해야 했습니다. 그래서 매일 아침 5시 20분에 기상하여 나를 위한 시간을 만들었습니다.

커피와 생강차 한 잔씩을 준비해두고, 집에서 떨어져 지내는 두 아들에게 명언과 함께 사랑한다는 톡을 보냅니다. 그리고 명상, 확언, 하루계획을 세우고 최지훈 코치가 운영하는 아침 줌 독서실에 접속하여 1시간가량 독서합니다. 이렇게 하면 아침 7시가 됩니다. 그때부터 학생들의 오늘 학습플래너를 작성합니다. 지난 수업 시간에 기록해 두었던 것을 토대로 부족하거나 추가해야 할 부분을 빠짐없이 적습니다. 개인별로 당부해야 할 내용이 있으면 학생들에게 톡을 보냅니다.

이후 아침 식사를 하면서 뉴스를 읽고 개인 블로그에 글을 씁니다. 개인 블로그는 신정철 작가님의 '메모독서법'이라는 책을 읽고 나서 독서 후 내 삶에서의 적용을 위해 기록을 위한 방법으로 시작하였습니다.

이렇게 나의 아침은 루틴대로 늘 시작됩니다. 하루계획

을 작성하고 점검함으로써 10분이라는 시간도 함부로 쓰지 않는 매일이 습관이 되었습니다. 공부방과 집이 아닌 나를 위한 시간을 확보함으로써 반복되는 일상에 중독되거나 나의 일에 대한 권태를 느끼지 않으면서 성장하는 나의 삶을 유지할 수 있었습니다. 새로운 루틴을 만드는 것 또한 나를 긴장시키는 또 하나의 도전입니다. 자기 계발은 온전히 자신만을 위한 시간을 만드는 것부터 시작할 수 있습니다.

서로 관련이 없는 일들이라도 배움의 기회가 있다면 놓치지 않아야 합니다. 각각 독립적으로 배우는 것을 기꺼이 하다 보면, 어떻든 점이 찍힙니다. 이런 점들을 많이 찍으면 그 점들이 선이 되고 다시 면이 됩니다. 면부터 완성하느라 거창한 계획만 세우지 말고 점 하나 찍는 것부터 시작해 보세요.

공부방만의 문화를 만들어라

정기적으로 행하는 이벤트로 공부방만의 문화를 만들 수 있습니다. 공부방에서 실시하는 이벤트는 학생들로 하여금 소속감을 높여주고 '우리 공부방'의 일원이라는 것에 대한 자부심을 느끼게 할 수 있습니다. 영어공부방을 운영하면서 처음에는 어린이날, 어버이날, 방학, 핼러윈, 크리스마스 그리고 마켓데이와 같은 다양한 이벤트를 진행했습니다. 뭐든지 따라서 그대로 했으니 오죽했겠습니까? 이벤트

준비하다가 쓰러지겠다 싶었습니다. 그래서 1년에 딱 3가지 이벤트만을 공부방문화로 정착시켰습니다.

　세 가지 이벤트는 어버이날에 영어편지쓰기와 감사인사 녹화하기, 할로윈에 핼러윈 코스튬 베스트 드레서와 방탈출 게임, 그리고 크리스마스에 팝송대회와 글리터자(Glitter Jar) 만들기입니다. 이런 행사들은 초등학생들을 대상으로만 진행하고 있습니다.

초등학생의 경우는 이런 정기 이벤트와 함께 클래스별로 수시로 진행하는 이벤트도 필요합니다. 2년 이하의 클래스에는 칭찬 스티커와 뽑기 이벤트, 3년 차부터는 협업 프로젝트를 통한 그룹발표와 같은 것들입니다. 칭찬 스티커는 영어를 시작하는 초기에 영어에 친해지도록 하는 데에는 어느 정도 효과가 있었지만, 학습이 보상으로 이어지면서 스스로 공부하는 데에서 오는 즐거움을 알아가는 데에 있어서 걸림돌이 되기도 하였기에 어느 정도 숙제 습관이 형성되었다 싶으면 칭찬 스티커를 주지 않습니다. 오히려, 성실히 숙제를 수행한 것에 대해 환한 미소로 등을 한번 토닥여 주는 것이 더 효과적이었습니다.

이러한 다양한 행사를 통해 공부방에 오는 재미를 느끼게 하면서 학생들과의 유대감을 높일 수도 있지만, 내 공부방만의 문화는 일상의 수업에서 내가 학생들을 대하는 태도와 방침으로 더욱 더 다져지고 확고해졌습니다.

문화라는 것은 어떤 공동체의 신념과도 같습니다. 이러한 신념을 세우는 데 가장 큰 도움을 받은 것은 '버츄프로젝트'라는 책을 통해서였습니다.

이 책을 읽고 나서 학생들을 바라보는 나의 시선이 변하였습니다. 그러자 나의 언어와 태도가 바뀌었고, 학생들도 그에 따라 행동이 변화하기 시작했습니다. 그러한 것들이 자연스럽게 공부방의 문화가 되었습니다. 예를 들어, 상대방을 무시하거나 듣기 싫어하는 말을 계속하는 경우, 아이들이 나에게 와서 그 말을 사용하는 것을 금지할 것을 제안합니다. 그러면 나는 구체적인 이유를 들어보고 같은 반 아이들에게 의견을 묻습니다. 과반수가 동의를 하면 바로 즉시 그 말(주로 유행어가 많습니다.)의 사용을 금지합니다. 규칙을 어기면 물총을 맞는 것이 벌칙입니다.

또한 수업 중에 떠오른 생각에 대해 엉뚱한 질문을 하는 아이들이 있습니다. 그런 경우 무시하거나 야단치지 않고 먼저 칭찬합니다. 다른 아이들에게도 도움이 될 만한 내용이거나 시간적인 여유가 있다면 함께 답을 찾는 과정을 보여 줍니다. 다음에 또 다른 질문을 할 경우에는 질문한 아이에게 직접 검색해서 찾아보고 찾은 내용을 카톡에 공유하라고 하거나 내용을 정리해서 다음 수업 시간에 발표하라고 합니다.

예를 들어, 한 남학생이 민주주의는 왜 다수결이냐고 질문을 했고, 관련 자료를 스스로 찾아서 발표하라고 하였습니다. 종이 한 장에 빼곡히 적어와서 친구들 앞에서 발표하고 다른 아이들의 질문에 답을 해주고 나면 발표내용에 대해 평가를 받습니다. 내가 하는 일은 민주주의와 관련된 영어단어를 소개하는 정도입니다. 이렇게 하자, 누군가 엉뚱한 질문을 하면 다른 아이들이 "네가 찾아봐."라고 나 대신 이야기합니다.

스스로 해야 할 것과 하지 말아야 할 것을 결정하고, 자신의 질문에 대한 답을 찾는 과정을 경험한 아이들은 스스로 하는 것에 대한 기쁨과 스스로 해낸 것에 대한 자신감을 가지게 되었습니다.

나의 공부방의 또 다른 문화는 '몰입캠프'입니다. 몰입캠프는 중학생들을 대상으로 시험 기간 주말에 6~7시간 정도 공부방에 와서 시험공부만 하는 것입니다. 처음에는 영어와 수학 외의 다른 과목을 어떻게 공부해야 할지 모르겠다는 한 학생의 말에 공부하는 방법을 알려줘야겠다는 생각에서 시작되었습니다.

시험 대비 플래너를 작성해서 하루의 공부 계획을 세우고 점검하는 것부터 시작해서 오롯이 공부에만 몰입할 수 있는 환경을 세팅해주었습니다. 그렇게 한 번으로 끝날 줄 알았던 캠프는 다음 시험 기간이 되자 캠프를 열어 달라는 학생들의 요청이 쇄도했고 결국 매 시험 기간마다 개최하게 되었습니다. 이렇게 몰입캠프는 나의 공부방에 다니는 학생들만의 문화가 되었습니다.

캠프에서 내가 하는 일이라고는 책을 읽고 글을 쓰거나 질문을 하는 학생에게 응대하는 정도로 캠프에서의 나의 역할은 거의 없습니다. 작은 방에서는 학생들끼리 교과서 내용을 질문하고 설명하느라 시끌벅적하고, 졸고 있는 학생들은 뒤에 가서 살짝 어깨를 만져 주거나 조금 걷고 오라고 얘기해 주기도 합니다.

캠프를 마치고 자신이 공부한 시간을 기록한 것을 보고서는 아이들이 이야기합니다.

"와~~제가 4시간동안 아무것도 안하고 공부만 했어요."

"인생 살면서 오늘 제일 집중해서 오랫동안 공부했어요."

"하니까 되네요."라고 말하며 뿌듯해 합니다.

"주말에 6시간 꼬박 공부만 한 너희들은 너희 학교에서 상위1%에 드는 대단한 것을 해낸 아이들이야."

"아니어요, 쌤. 상위 0.1%에요."

"하하하~그래, 상위 0.1%! 그 어려운 것을 해낸 너희들이니 앞으로 더 못해낼 것은 없어."

스스로를 대견해하면서 캠프를 마치고 집으로 돌아가는 아이들의 뒷모습을 보면서 참 행복하다는 생각을 합니다. 내가 세상에 뭔가 도움이 되는 사람이구나라고 느낄 때 생기는 감정이 행복이 아닐까 합니다.

쉼 없는 주말이 나로서는 쉬운 일은 아니지만, 처음에는 플래너 작성도 어려워했던 학생들이 3시간 공부가 4시간이 되고 다시 6시간씩 책상에 앉아 있는 변화를 보이는 그들과 동참하면서 격려하고 응원을 하는 이 시간이 보람됩니다. 스스로 변화하도록 영감을 주고 구체적인 방법을 알려주는 선생이 되고자 하는 나의 철학이 아이들을 변하게 하고 그러한 결과에 따른 내 신념에 동참하는 학부모와 아이들이 늘어남에 감사합니다.

돈 들이지 않는 홍보방법은
밖이 아니라 내부에 있다.

공부방 초창기에 나는 다양한 홍보 방법을 사용했습니다. 전봇대에 전단 붙이기, 아파트 4000세대에 직접 전단 붙이기, 도로에 현수막 걸기, 아파트 엘리베이터 내부 광고하기, 동네 미용실, 아이스크림 가게에 명함 두고오기, 학교 앞에서 홍보물 나눠주기 등 해볼 수 있는 것은 다 해보았습니다.

학생들이 어느 정도 모집이 되고 나서는 외부의 홍보물이 아니라 내부에 있는 학생들이나 학부모의 소개로 등록하는 경우가 많아졌습니다. 블로그에 학생들 수업 결과물이나 수업하는 과정을 포스팅하다가, 아이들 얼굴을 모자이크 처리하는 것이 번거롭고 가려진 아이들 얼굴을 보면 학부모님들이 속상할 것 같다는 생각에 네이버 밴드를 개설했습니다.

월별로 혹은 이벤트가 있을 경우마다 글을 작성하고 공부방 학부모님들만 볼 수 있도록 비공개밴드로 하였습니다. 중요 공지사항도 밴드를 통해 안내할 수 있고 수업내용에 대한 보고서 역할도 하여서 개별로 영상을 보내주었던 것보다 업무의 양이 훨씬 줄었습니다. 이런 비공개밴드는 내 공부방 학부모님들만 볼 수 있으니 '우리끼리'라는 소속감을 형성시켜 주기도 하였습니다.

일부 학부모님들이 여기에 올려진 자녀들의 영상을 주변 지인들에게 보여주면서 그것을 보고 등록하는 학부모님들이 많아졌습니다. 자연스럽게 내 공부방의 밴드가 홍보

역할을 대신해 주었습니다. 또한, 이렇게 작성된 밴드는 내 공부방의 역사가 되어 차곡차곡 쌓여가고 있습니다.

비공개밴드로 학부모에게 월별로 수업내용을 한 번씩 공유하더라도 등록 후 처음 한 달은 개인별 관리가 아주 중요합니다. 나와 이제 막 연애를 시작한 연인이라 생각하면 간단합니다. 특히 나와 사귀기로 했으나 아직 나에 대한 확신이 부족해서 나와 연애를 계속해도 좋을지 매일같이 의심하는 연인입니다. 나의 매력에 빠져서 헤어질 결심을 하지 않도록 매일 관리를 해야 하는 것입니다.

초등학생의 경우는 매일 녹음과제를 제출하게 되는데 파닉스를 시작한 학생의 경우는 발음이나 속도 등 피드백을 빠짐없이 해주었고, 간단한 이모티콘이라도 보내어서 격려하고 칭찬해서 학생이 매일 녹음하는 것을 루틴으로 형성되도록 했습니다.

그리고, 수업 첫날, 일주일 후 그리고 한 달 후 어머님과 상담통화를 꼭 하였습니다. 세 번의 전화상담을 통해 수업

내용이나 아이의 수업태도와 앞으로의 수업방향에 관해서 이야기하고 어머님의 요구사항을 듣기도 합니다.

하지만, 연애를 시작한 나의 연인이 요구한다고 해서 무조건 'yes'를 하지는 않았습니다. 나의 방침이나 철학에 어긋나거나 내가 들어줄 수 없는 무리한 요구일 경우에는 단호하게 그러나 기분 나쁘지 않게 거절하였습니다. 상대방도 내가 어떤 사람인지 알고 판단할 수 있도록 기회를 주는 것입니다. 처음 한 달 이후에는 특별한 일이 있을 경우나 학부모가 요청한 경우가 아니면 전화상담은 거의 하지 않습니다.

월별학습보고서와 월별 공부방매거진도 필요하다는 선배 원장님들의 조언에 따라 해보긴 했지만, 학생이 80명이 되어도 혹은 1년 뒤에도 내가 그것을 계속할 수 있는지 자문했을 때, 아니라는 결론에 도달했기에 중단하였습니다.

대신에 일년에 한 번 시행하는 학부모 개별 간담회를 통해서 학생에 대한 전반적인 연간 보고를 하고 앞으로의 수업 방향에 대해 깊은 대화를 나누었기에 상담이 부족하다고 느끼시는 학부모님은 없었습니다. 또한 이 시간을 통해 형제자매의 상담도 함께 하는 경우가 생기면서 간담회 이후 형제자매의 추가등록이 이어지기도 했습니다.

배움을 통해 뭔가 새로운 것을 나의 공부방에 적용하려고 할 때는 가장 먼저 어떠한 상황에서도 그것이 '지속가능한가'를 물었습니다. 이는 어쩌면 내가 '루틴 만들기'를 좋아해서 일지도 모르지만, 상황에 따라서 이번 달에는 하고, 다음 달에는 하지 못하는 학습보고서나 월 매거진이라면 학부모와의 약속을 지키지 못하는 것이 되기에 하지 않았습니다.

하지만, 학부모들이 원하고, 내가 학생들 학습내용에 대한 월별 정리를 잘 할 수 있다면 학생 별 월학습보고서는 차별화되는 나만의 무기가 될 것이라 생각합니다.

상담에 관한 이야기를 더 해보겠습니다. 평소 말하는 것을 좋아하거나 달변가가 아니었던 나는 상담이라는 것이

참으로 낯설고 어려웠습니다. 실수할까 두려워서 초창기에는 예상 질문에 대한 상담 대본을 미리 적어 놓고 어머님과 상담통화를 하였습니다. 그러니 상담의 중요한 본질, 즉, 학부모와 학생이 필요한 것이 무엇인가에 집중이 되지 않았습니다. 내가 해야 할 말이 대본에 정해져 있었기 때문이었습니다.

수십번의 시행착오를 거치면서 지금은 상담의 기본이 말하는 것이 아니라 듣는 것이라는 것을 압니다. 무슨 질문을 할 것인지 어떻게 대답해야 할 것인지를 고민하고 두려워하지 않습니다. 상대방이 지금 가지고 있는 문제가 무엇인지 파악하도록 듣는 것에 집중합니다. 그리고 내가 그것을 위해 도와줄 수 있는 것이 무엇인지를 생각합니다.

나의 커리큘럼이나 교재에 대해서 혹은 나의 공부방에 관해서 설명하려고 하지 않고, 학부모님의 고민이 무엇인지, 학생은 어떠한 상태인지 파악하고 내가 알고 있는 한에서 해결 방법을 제시하되 내가 해줄 수 있는 것이 아니라면 과감하게 선을 긋고 주변의 다른 학원이나 공부방을 소개

해주었습니다.

시간표나 반 편성 등의 이유로 등록하지 못한 학부모님들은 진심으로 자신들을 돕고 싶어 했던 나와의 상담에 만족하셨는지 다른 지인들을 소개해주기도 하셨습니다. 상담을 원하는 학부모님들은 도움이 필요한 사람들이고 나는 도움을 줄 수 있는 사람이라는 자신감을 가지면서 어떤 상담도 두렵지 않게 되었습니다. 이렇게 홍보는 내부에서 더 큰 힘을 가집니다.

적자생존 - 기록하라

나는 기억력이 꽤 좋은 편이 아닙니다. 그래서 사소한 약속이라도 항상 메모해 두어야 합니다. 아침에 일어나자마자 데일리 노트에 오늘 하루 계획을 시간별로 기록합니다. 매일 같은 루틴일지라도 이렇게 적어 두면 추가적인 업무나 상담, 교육이 있을 때, 일정을 조절하기가 쉽고 자투리 시간이 얼마나 그리고 언제 있는지 한눈에 알 수 있어서 이를 활용할 수 있습니다.

잠들기 전 오늘 내가 좋았거나 좋지 않았던 기분을 적어보고 그게 뭐든지 마음속에서 떨쳐내고 평안의 상태로 만든 후 잠자리에 들려고 노력합니다. 기분이 나의 태도로 이어지지 않도록 나의 마음을 무의 상태로 만들어 다음 날 아침을 늘 새롭게 시작하고자 하는 의미입니다.

기록하는 일은 업무에 관해서도 이어집니다. 직장인이었을 때 업무일지를 작성하였듯이 주간 수업 계획서를 작성하여 시간별 수업내용과 아이들의 수업 태도, 수업 활동에 대한 평가나 지각, 결석 등의 특이사항을 매일 수시로 기록합니다. 이렇게 작성한 업무일지 즉 수업일지로 새로이 적용한 수업방식이나 교재에 대한 복기를 할 수 있고 상담이 필요하거나 조금 더 관심을 기울여야 하는 학생들에 대해 추가적인 피드백을 할 수 있었습니다.

학생들의 과제도 알림장이나 플래너에 간단한 방식으로 기록하거나 적도록 합니다. 수업시간에 빠짐없이 필기하는 것도 초등부부터 천천히 가르쳐줍니다. 중등부의 경우에는 개인별로 학습일지와 과제 알림장을 작성하여 해야 할 일을 분명하게 전달하고 수업시간에 단 10분이라도 헛되게 보내지 않도록 조밀하게 작성하여 성취 여부를 평가하고 다음 수업계획을 세웁니다. 이 방법은 백성민 원장님의 세미나를 통해 알게 된 방식으로 중등부를 이끄는 핵심 시스템이 되었습니다.

기록은 기억을 이깁니다. 성공한 사람들의 공통점은 적는 것입니다. 운전을 할 때나 산책을 갈 때 그리고 침대 옆에도 항상 노트를 휴대해서 갑자기 떠오르는 아이디어나 기억해야 할 일이 생각날 때 바로 적을 수 있도록 해보세요. 자신의 감정을 기록을 통해 쏟아내거나 간절히 이루고 싶은 목표를 기록함으로써 행동으로 실천할 수 있습니다.

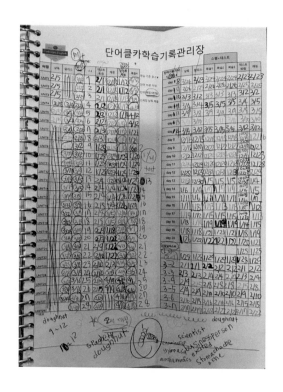

나는 기업가인가, 교육자인가

공부방이나 학원은 교육서비스업에 해당합니다. 기업가이면서 교육자인 이 업은 상충하는 면이 있어 늘 내 업의 본질이 무엇인지 고민하게 하는 순간이 함께 합니다.

교육자로서의 나의 철학은 내 공부방만의 문화가 될 것입니다. "영어를 도구로 공부하는 방법을 배워, 세상을 주체적으로 알아가는 어른으로 성장하도록 돕는다."는 것이

교육자로서의 내가 생각하는 내 업의 본질입니다. 이 철학에 맞게 내가 배워야 하는 것들과 집중해야 하는 것들을 정했습니다.

그렇다면 사업자등록증이 있는 기업가로서 내게 가장 필요한 공부는 무엇이었을까요? 회계였습니다. 공부방을 운영한다는 것은 작지만, 내가 오너인 사업체를 운영하는 것입니다. 사업체를 운영하기로 마음먹은 사람이라면 가장 먼저 기초적인 회계를 배워야 합니다. 물론 회계업무를 맡아줄 외부 회계사가 있겠지만, 내 사업의 주인은 나 자신이기에 자신의 사업체의 재무제표 정도는 읽어서 이해할 정도의 지식은 있어야 합니다.

풍자극 배우 디타 본 티즈(Dita Von Teese)는 숫자를 몰라 재무제표를 타인의 손에 맡기기만 하는 사람은 타인을 위해 재주를 넘는 곰과 같다고 하였습니다. 먼저 충분한 시간을 들여 회계지식부터 쌓으세요. 사업의 기본적인 틀은 알고 시작해야 합니다.

복잡한 세상을 이기는 단순함의 힘

세미나를 듣고 나서나 책을 읽고 나면 욕심이 앞서 따라 해보고 싶은 것이 많습니다. 저렇게 하면 성공하는구나 싶어서 모든 것을 적용해보려고 하면 내 것을 전부 뒤엎어야 하는 경우도 생길 수 있고 오히려 나에게 맞지 않아 원래대로 모두 되돌려야 할 수도 있습니다.

그래서 한 번에 한 가지만 적용했습니다. 내일 당장 적용할 수 있는 것 혹은 바로 바꿔야 하는 시급한 것을 골라서 제대로 나만의 것으로 만들었습니다.

맛집도 한 가지 메뉴로 특화하는 것이 동네 맛집으로 이름을 알리거나 운영하는 데 효율적이듯이 공부방도 마찬가지라고 생각합니다. 내가 운영하는 공부방이 있는 곳은 교육열이 그다지 높지 않고 영어 사교육도 늦게 시작하는 경우가 많으며, 어릴 적부터 영어 인풋이 가정에서 주어지는 일이 거의 없는 학생들이 대부분이었습니다.

이럴 경우 가장 시급하다고 판단한 것은 영어단어였습니다. 최소한 초등 필수어휘 800개 정도는 알아야 영어책 읽기나 소리영어, 고학년에 필요한 문법이나 독해도 가능하기 때문입니다. 그래서 파닉스를 통해 음가를 익힌 학생들은 바로 영어단어를 암기하는 것에 초점을 맞추었습니다. 공부방에 도착하자마자 10분은 단어학습을 하는데, 온라인 툴을 한 가지만 사용하지 않고 클래스 카드나 원아워, 에메트 시스템 등을 다양하게 사용하여 지루함을 없애도록 하였습니다. 누적 반복하는 방법으로 영어단어에 친해지도록 강제적인 노출을 많이 시켰고,과제도 단어학습과 녹음과제로 단일화하였습니다. 다음 단계의 레벨업도 영어단어를 암기한 정도로 결정하였습니다.

까막눈이었던 아이들이 영어단어라는 벽돌을 만들어가면서 영어라는 집을 지을 수 있겠다는 자신감이 생기기 시작했고, 익숙한 단어의 뜻을 통해 간단한 문장의 의미를 유추할 수 있게 되었습니다. 내 공부방의 아이들은 중학교 졸업 전까지는 수능 어휘까지 학습한다는 목표 아래 체계적으로 단어학습을 시키는 영어단어 맛집으로 주변에 알려졌습니다.

한 번에 너무 많은 일을 하려고 하면 결국 아무것도 잘하지 못하게 됩니다. 현재 내 공부방 아이들에게 무엇이 가장 중요한지 알아내고 그것에 전념하세요.

제 4장

타월을 던지지 마라

코로나19와 같은 위기는
늘 내 앞에 있다

공부방이 입소문이 나면서 학생들의 등록이 갑자기 늘어난 시기는 2019년 여름, 만 2년이 좀 지나서였습니다. 늘어난 학생들로 인해 기쁘면서도 학생들 한 명 한 명을 자세히 분석하고 그에 맞는 플랜을 세워야 했던 나의 업무는 과부하가 걸렸습니다. 계획대로 따라와 주지 않는 아이들과 이를 참지 못하는 내 성격으로 인해 밤에 잠을 이루지 못하고 한숨을 쉬는 날이 계속되었습니다.

어느 날은 문득, 3년이 채 되지 않은 시간이었지만 영어 수업에 대해 원 없이 공부하면서 학생들을 가르치고 그들을 성장시키도록 할 만큼 해보았으니 이제는 다른 일을 다시 시작해 볼까 하는 생각도 들었습니다.

그러다 2020년 1월, 코로나19가 중국에서 시작되어 점점 확산하기 시작했고, 2월 말부터 전국적으로 학교는 개학을 연기했고 학원과 공부방은 휴원을 해야 했습니다. 금방 풀릴 것 같았던 휴원은 1주일이 한 달이 되고 결국 4월 중순이 되어서야 공부방 수업을 시작할 수 있었습니다.

휴원했던 두 달 정도는 당장 생계에 문제가 되었지만, 내게는 그 위기가 휴식과 같은 시간이었습니다. 다시 아이들을 보니 반갑고 수업을 할 수 있는 것 자체에 감사했습니다. 내가 이 일을 얼마나 좋아하는지 깨닫게 되었습니다.

하지만, 코로나19에 대한 염려와 가정 형편의 어려움으로 절반 정도의 학생들이 돌아오지 않았습니다. 이러한 어려운 상황에도 불구하고, 나를 믿고 계속 아이들을 맡기는 학부모님들만 남게 되었다며 오히려 긍정적으로 받아들였습니다. 다시 시작한다는 마음으로 새로운 교재와 수업방식을 시도하고 나를 더 돌보는 시간을 보낼 수 있었습니다. 2년이 지난 지금, 다시 코로나19 직전의 학생 수보다 더 늘어났지만, 그때처럼 힘들지 않습니다.

앞으로 내외부적인 위기는 또다시 올 것입니다. 하지만, 내가 먼저 포기하고 타월을 던지지 않는다면, 세상을 바라보는 관점을 바꾼다면, 위기는 언제나 기회로 바꿀 수 있습니다. 코로나19로 인한 휴원 위기를 나에게 쉼을 주는 기회와 새로운 도전으로 바라보고 활용했듯이, 도저히 함께 할 수 없는 학생이 나에게 오더라도, 예전과 같이 힘들어하면서 그만두자고 생각하는 것이 아니라, 이를 해결할 방법을 공부하고 시도해보라는 새로운 도전과 기회로 여기게 되었습니다.

나는 아직 미숙하며 여전히 배워야 할 것이 많습니다. 한 번의 경험으로 이미 다 안다는 착각에 빠지지 않도록 결과에 대해 객관적으로 바라보고, 실패를 나 자신으로 여기지 않아야 합니다. 부족한 것을 보완하겠다는 관점으로 다음에는 다른 방법을 적용해보는 과정을 계속해서 반복할수록, 삶은 분투의 현장이 될 것입니다. 일이 어떻게 될지 집착을 내려놓고 그저 그 일을 즐기세요.

마음챙김의 시간, 하이포

코로나19로 인해 학생 수가 반토막이 난 뒤, 특별한 사명감 없이 시작한 공부방을 계속 이어가야 하는 것에 대한 의심이 일기 시작했습니다. 거기에 대한 해답과 확신을 찾아야만 했습니다. 그렇지 않으면 더 이상 영어공부방을 계속해야 하는 이유를 찾지 못하고 그만둘 수밖에 없을 것 같았습니다.

팬데믹으로 그나마 좋아진 것은 온라인세미나가 활성화되어 오프라인에서 보기 힘들었던 교육이 많아졌다는 것이었습니다. 그 중에서 공부방 초창기에 초등학생들에게 영어를 가르치는 방법에 많은 도움을 얻었던 강소진 원장님과 데이빗 원장님이 콜라보로 진행하는 'Hyper Focus Class'(일명 하이포)를 4개월간 함께 했던 것은 내 인생에 있어서 중요한 터닝 포인트였습니다.

영어수업에 대한 새로운 접근법을 알게 된 것도 있지만, 그것보다 '나'를 돌아보는 시간을 보내며 평소에 알지 못했던 명상과 마음챙김의 중요함을 깨닫고 실천하는 기회를 가지게 되었습니다. 하이포를 통해 나를 먼저 돌보고 나를 사랑하는 마음이 충만해지자 아이들을 사랑하는 마음도 자연스레 생겼으며, 주변의 것들이 새로이 받아들여지고 감사하는 마음이 생기기 시작했습니다. 모든 것의 시작과 끝은 결국 나 자신이었습니다. 해결책은 늘 내 안에 있었습니다.

내가 알고 있고 경험했던 것이 전부였던 나는, 자기합리화에 빠져 내 마음 속 깊이 나의 성장을 막고 있었습니다.

그런 나를 하이포를 통해 객관적으로 바라보게 되었고, 이제는 매일 10분 명상을 하고, 순간순간 마음챙김을 하며 나를 먼저 들여다봅니다. 저녁에는 세 줄 감사일기를 쓰면서 하루를 마무리하고, 감정도 행동과 마찬가지로 내가 선택하는 것이라고 생각하자, 어처구니없는 상황에 직면해서도 '그럴 수 있지'하며 좀처럼 화를 내지 않게 되었습니다.

하루 5분씩, 하늘이나 들판을 바라보는 '멍때리기'의 시간의 소중함을 알게 되었습니다. 멍 때리는 그 5분 동안 오히려 섬광처럼 번쩍이는 아이디어들이 많이 떠올랐기 때문입니다.

집중이 되지 않거나 답이 잘 떠오르지 않을 때는 '프리라이팅(free writing)'을 합니다. 프리 라이팅은 한 마디로 지금 이 순간에 떠오르는 모든 것을 생각의 흐름에 따라 두서없이 종이에 써 내려 가는 것입니다. 생각을 종이 위에 꺼내 놓으면 거기서 좋은 단어나 영감을 얻을 수 있습니다.

공부방을 성공적으로 운영하는 방법이나 성과에 대해서

만 고민하고 배우려고 했던 내가 코로나19로 인해 좌절을 겪으면서 내가 무너지면 모든 것이 소용없다는 것을 알게 되었습니다. 뭔가를 더 잘하기 위한 공부보다 힘든 시련이 다가왔을 때 내가 어떻게 행동할 것인가에 대한 공부가 더 중요합니다.

다양한 독서와 모임을 통한 실행

'모든 편견은 내장에서 나온다'는 니체의 말처럼 사람은 누구나 자신이 경험한 것으로 제한된 사고를 하게 됩니다. 영어 교육업에 종사하니 영어와 관련된 책과 교수법에 대한 책을 읽고 이와 관련된 사람들과의 모임에만 참석하게 되면서, 비슷한 경험과 생각에 매몰되는 것 같은 생각이 들었습니다.

물론 이러한 것들이 필요 없다는 것은 아닙니다. 단지, 우물 안 개구리가 되지 않고 유연한 사고를 하기 위해서는 다른 사람들이 어떻게 생각하고 살아가는 지 관심을 가져야 한다는 것입니다. 이를 해결하기 위한 가장 쉬운 방법은 책이었습니다. 영어와 교육에 관한 책 뿐만 아니라, 분야를 가리지 않고 다양한 자기계발서, 소설, 시, 에세이를 최소 일주일에 1권은 읽고 기록을 남기고 있습니다.

읽는 것보다 더 중요한 것은 책을 읽고 나서 내 생각을 최소한 한 줄 정도 적는 것입니다. 실천해 볼 것을 한 가지 적어보거나 마음에 드는 문장을 필사하는 것으로 시작하였더니 점점 작가의 의도를 파악하게 되고 좀 더 멀리서 바라보는 시선을 키울 수 있었습니다. 또한 평소에는 생각하지 못했던 아이디어들을 얻기도 합니다.

이런 것들은 시간이 갈수록 나를 조금씩 채워서 학생들에게 영어라는 지식을 넘어서 먼저 세상을 살아낸 어른으로서 삶의 지혜를 전달하는 역할을 해야 한다는 사명감을 가지게 하였습니다. 나는 아이들에게 선생이 되기보다 어른이 되고 싶습니다. 그러기 위해서는 나를 우선 채워서 넘쳐나게 해야 하고, 독서를 통해 내 언어의 한계를 넓혀야겠다고 생각했습니다.

학생들에게 내가 어떤 선생인지 적어 달라는 설문지에 "영어를 재미있게 가르쳐 주신다"와 "인생을 어떻게 살아야 할지 알려 주신다"는 글이 적힌 것을 보았습니다. 내가 원하는 길을 잘 가고 있구나 하는 생각이 듭니다.

공부방의 일이 어느 정도 체계가 형성되고 아이들도 안정적으로 수업에 참여하게 되면서 이러한 익숙함에 지루함을 느끼게 되었습니다. 일상에 중독되듯이 반복적인 오늘에 만족하며 평안한 하루하루를 보내는 날이 길어지면, 나 자신에게 경고가 울렸습니다. 생존본능처럼 새로운 자극이 있어야 했습니다.

책을 통해서 간접경험을 할 수 있지만, 그보다 나는 다양한 생각을 가진 다양한 분야의 사람들과 만나서 이야기하고 싶었습니다. 그들은 어떻게 세상을 살아내는지 궁금했습니다. 그래서 평소에 궁금했던 마케팅, 코딩, 디자인, 독서토론, 메타버스부터 노션, 엑셀, 동영상편집, 글쓰기 등 여러 분야에의 전문가들이 운영하는 온라인모임을 통해 함께 배우고 공부하는 것을 선택했습니다.

그들과 함께하면서 새로운 개념을 접하는 것은 책에서는 배울 수 없는 신선한 경험이 되었고, 간혹 지루할 수 있는 나의 일상에 작은 파장을 일으켜 주었습니다. 다른 분야에의 성공한 사람들의 이야기를 듣다가 내가 하고 있는 공부방에도 적용해볼 수 있는 기발한 아이디어를 발견하기도 하였습니다.

영어와 공부방이라는 울타리를 벗어나 세상이라는 곳으로 발을 뻗기 시작하면서, 새로운 세계가 내 안에 펼쳐지고 공부방을 바라보는 나의 관점도 달라졌습니다. 아이들을 가르치는 내가 그들을 성장하도록 주도하는 곳이 아니라, 그들이 성장하도록 도움으로써 나 또한 성장하고 있음을 알게 되었습니다.

아이들에게 영어를 가르치는 일을 하지 않았다면 알지 못했을 모든 것들에 감사하고 매일 1%씩 성장하기 위해 지금 매 순간 최선을 다하는 하루하루를 보내고 있는 나를 사랑합니다.

염탐자가 생기면 감사한 일

학생들이 많아지면서 일어난 일 중에는 이제 막 공부방을 오픈했거나 공부방을 하고는 있으나 아이들이 많지 않아서 운영에 어려움을 겪고 있는 분들이 자신의 자녀를 동반한 상담을 통해 자세한 수업 커리큘럼과 방법을 알아가는 경우가 있었습니다. 이는 상담 내내 내가 이야기하는 모든 것을 토씨 하나 빼지 않고 메모하는 것을 보고 짐작할 수 있었습니다.

또 다른 경우는, 자기 자녀를 나의 공부방에 등록시켜서 1주일 정도 수업을 듣게 한 후 별다른 이유 없이 퇴원하는 것이었습니다. 알고 보니 학생의 어머님이 나와 같은 동의 5층에서 영어공부방을 운영하고 있었고, 아이를 통해 과제, 교재 그리고 수업진행 방식을 전해 듣고 자신의 공부방에 적용하기 위함이었습니다. 진심으로 상담하고 가르쳐보려 했던 나의 마음에 그들의 거짓은 상처가 되었지만, 이러한 염탐자가 생긴 것에 오히려 감사한 마음이 들었습니다.

단지, 그냥 물어봤으면 알려주었을 것을 어려운 길을 택한 그들이 안쓰럽다는 생각이 들었습니다. 이 책을 쓰기로 결심한 것도 내가 비록 공부방 운영에 있어서는 여전히 미숙한 초보이지만, 내가 도울 수 있는 왕초보가 있을 것 같다는 생각에서 시작되었습니다.

전화상담이든 방문상담이든 자신의 공부방이 주변에서 인지도가 높아지면 이러한 염탐자의 접촉이 생기기 시작할 것입니다. 이것은 내가 잘하고 있다는 반증이니 화를 내거나 불쾌해하지 말고 오히려 그들을 도와줄 수 있는 방법을 찾아보길 바랍니다.

지금 하지 않으면 언제 하겠는가

무언가를 시작하기에 준비가 되지 않은 것 같고, 할 수 있을까 하는 의심이 들었을 때, '지금, 시작'할 수 있도록 용기를 준 것은 책이었습니다. 책을 통해 통찰을 얻고 내가 바꿀 수 있는 것은 상황이나 주변 사람들이 아닌 나 자신뿐이라는 것을 알게 되었습니다.

책상에 앉아 이리 재고 저리 재면서 머뭇거리고 있는 것이 아니라, 일단 부딪쳐서 문제를 해결하는 가운데 체험적으로 깨달으며 성장할 수 있었습니다.

18년간의 직장 생활에서 내가 무엇이든 도전하고 배울 수 있도록 나를 믿고 지지해 준 아버지에게 무엇보다 감사합니다. 그는 여전히 나를 섭섭하고 원망스러운 마음으로 바라보시겠지만, 한편으로 혼자 힘으로 뚜벅뚜벅 자신의 길을 가고 있는 그의 딸을 자랑스러워하실 것을 압니다.

돌이켜 생각해 보면, 나에게 온 첫 학생 은미는 내가 초등학생에게 영어를 가르칠 수밖에 없는 환경을 강제로 설정하여, 내가 계속해서 배우고 도전하게 하여 지금의 나를 있게 하여 준 고마운 사람이었습니다.

배움은 사회에 빚을 지는 것이라 했습니다. 나의 시간과 돈으로 내가 배운 것이 왜 사회에 빚을 지는 것이냐 할 수 있겠지만, 내가 배울 기회를 이 사회가 나에게 준 것이기 때문에 배운 사람은 그것을 다시 사회에 돌려주어야 하는 책임이 있습니다.

이러한 생각에 미치자, 내가 배운 것을 사회에 환원할 방법을 고민하게 되었고, 우리 지역에 성인들을 대상으로 하는 영어 회화 스터디를 모집하여 매주 토요일마다 1시간씩 빈 상가에 모여서 영어 회화를 공부하고 있습니다.

나는 주로 회원들의 발음을 교정해 주거나 회화 문장과 관련된 상황을 묘사해 주어 이해를 돕는 역할을 합니다. 무료로 진행하는 만큼 스터디의 질에 대해서 의구심을 느끼셨던 분들도 계셨지만, 각자가 잘하는 분야에 대해서 차후에 스터디를 열어 가르쳐주는 조건이라는 모임의 취지를 이해하고 나서, 회원님들이 더욱더 열정적으로 이 모임에 참여하고 있습니다.

누구나 이 세상에 도움을 줄 것이 있다는 것을 믿으며, 도움을 주고받으면서 성장하는 상대방을 보는 즐거움을 모두가 느끼는 그날을 꿈꿔봅니다.

하이포를 함께 했던 모든 선생님들과 좋은 선생이란 무엇인지 선생으로 사는 것이 어떤 삶인지 보여주고 가르쳐

주신 강소진 선생님, 나를 돌아보며 인생에 대한 태도를 다시 고민하고 단단한 마음을 장착하여 용서라는 것을 알게 해준 데이빗 선생님, 이 업을 시작할 수 있도록 그 길을 보여주신 원용석 소장님과 카페 강영만의 많은 선생님들께 감사하다는 말씀을 전하고 싶습니다.

이 책을 시작하고 끝까지 마무리할 수 있도록 모든 지원을 아끼지 않으셨던 나다움북스 최지훈 대표님과 혼자 힘으로 자신의 길을 만들어가는 딸을 끊임없이 걱정하며 성실하게 사는 것이 무엇인지 직접 보여주신 엄마와 시어머님께 감사합니다.

내가 어른으로 성장하도록 끊임없이 채찍질해주는 영원한 나의 벗인 두 아들 솔이, 찬이와 주말마다 세미나에 참석하느라 집을 비웠던 나를 아무 말 없이 묵묵히 바라보며 작은 결과에도 언제나 최고의 칭찬과 응원으로 곁을 지켜주었던 나의 솔메이트 정현에게 무한한 사랑을 담아 보냅니다.

마지막으로 내가 작은 변화를 일으킬 수 있도록 영감을 준 책들을 써주신 모든 저자들께 감사드리고 싶습니다.

"당신은, 당신에게 힘입어 다 잘될 겁니다. "